Le Buste

D'HENRI IV,

COMÉDIE

EN UN ACTE, MÊLÉE DE VAUDEVILLES,

Représentée sur le Théâtre des Variétés de Bordeaux,
le 17 Juillet 1828,

DEVANT

S. A. R. MADAME,

Duchesse de Berry;

PAR EUGÈNE DE PRADEL, IMPROVISATEUR FRANÇAIS.

A BORDEAUX,

DE L'IMPRIMERIE DE R. LAGUILLOTIÈRE ET COMP.e,

RUE DU GRAND-CANCERA, N.º 17.

PERSONNAGES.	ACTEURS.
ALFRED DE GLÉMONT, officier retiré du service, sous le nom de Morin,	MM. Raucourt.
LE BARON DE GLÉMONT, ancien négociant, oncle d'Alfred,	Hippolyte.
DULIMIER, huissier; il a reçu une éducation soignée,	Théodore.
FRANCOEUR, vieil invalide, ami d'Alfred; il a une jambe de bois,	Breton.
VICTOR BLOC, filleul de Marguerite, amant de Fleurette; il est peintre en bâtimens,	Paul.
MARGUERITE, vieille servante bavarde et bonne; elle est marraine de Victor Bloc,	M.mes Dorsonville.
FLEURETTE, servante de M. Morin,	Herdlizka.
UN MARIN,	M. Blanchard.
UNE JEUNE FILLE,	M.me Félix.
UNE MARCHANDE DE FLEURS	M.lle Deblieux.
UN JEUNE GARÇON,	MM. Lefèvre.
UN BERRET, avec des échasses,	Émile.

Troupes, vétérans, jeunes garçons, jeunes filles, peuple, et habitans des Landes, en échasses.

(La scène est dans un quartier retiré de Bordeaux).

Le théâtre représente une pièce assez vaste, qui sert d'antichambre et de salon dans l'appartement de M. Morin. Une espèce de bibliothèque fermée garnit le fond de la salle; au-dessus est un buste d'Henri IV. A la gauche de l'acteur est une porte qui communique dans la chambre de M. Morin; à droite, une porte qui ouvre sur l'escalier; et, à côté, une fenêtre donnant sur la rue. A la fin de l'ouvrage, changement à vue indiqué.

LE BUSTE

D'HENRI IV,

Comédie

EN UN ACTE, MÊLÉE DE VAUDEVILLES.

SCÈNE I.re

FLEURETTE, *seule.*

(Elle dévide du fil en chantant et en regardant le buste d'Henri IV).

Air : *En revenant de Bâle en Suisse.*

Chaque mère conte à sa fille
De Fleurette l'affreux destin :
Hélas! cette fleur si gentille
Dura l'espace d'un matin.

(*En dévidant*).

Dévide, fillette,
Dévide toujours,
Et surtout, Fleurette,
Prends garde aux amours.

Henri venait sous la cabane,
Où rarement on voit les Rois,
Et d'une simple paysanne
Il flattait le joli minois.

(*En dévidant*).

Dévide, fillette, etc.

Du bon Henri la noble histoire
Nous apprend cette vérité,
Qu'il fut fidèle à la victoire
Bien plus souvent qu'à la beauté.

(*En dévidant*).

Dévide, fillette,
Dévide toujours,
Et surtout, Fleurette,
Prends garde aux amours.

SCÈNE II.

FLEURETTE, MORIN, *qui l'écoute depuis un moment.*

FLEURETTE, *apercevant Morin.*

C'est vous, Monsieur Morin! Vous m'écoutiez?

MORIN, *un journal à la main.*

Oui, bonne Fleurette, je t'écoutais..... et avec attendrissement ; mais ce bon Henri, cet excellent prince, aimé, adoré de tous, fit oublier quelques torts d'inconstance par les plus solides vertus.

FLEURETTE.

Oh ! je le sais : vous me l'avez dit tant de fois !

MORIN.

Air : *Sur des fleurs fraîchement écloses* (d'Aristippe).

Le Béarnais, s'il fut volage,
Eut des vertus pour dominer ;
Il sut vaincre par son courage.....

FLEURETTE.

Mais il sut aussi pardonner.

MORIN

Et dans sa justice sévère,
Contre tout abus affermi,
Les courtisans ne l'aimaient guère.....

FLEURETTE, *achevant.*

Mais le pauvre était son ami !

MORIN.

Je viens t'apprendre une bonne nouvelle, Fleurette
(Indiquant son journal). C'est demain qu'une auguste
Princesse, la mère d'un autre Henri, arrive dans nos murs !

FLEURETTE.

Quel bonheur pour les Bordelais ! Je m'étonnais aussi de
vous voir un air..... Vous qui êtes si triste ordinairement.

MORIN, *à part.*

Si elle savait ! *(Haut)*. Je sors, Fleurette : j'ai besoin
de quelques objets pour mon uniforme, car tu sens qu'en
pareille occasion !....

FLEURETTE.

Tout ce qu'on a de plus beau ; comme pour un jour
de noce.

MORIN.

A propos de noce, et Victor, le filleul de la vieille
Marguerite ?....

FLEURETTE.

C'est un honnête garçon, et.....

MORIN.

Tu m'as servi, soigné avec tant de dévoûment pendant
ma longue maladie.....

FLEURETTE.

Vous me parliez de Victor.

MORIN.

Je voudrais pouvoir te récompenser comme tu le mé-
rites....

FLEURETTE.

N'oubliez pas que vous devez sortir, Monsieur.

MORIN.

Mais ma gêne est extrême, tu le sais.

FLEURETTE.

Et la Providence !

MORIN.

Je voudrais te voir heureuse avec celui qu'a choisi ton cœur !

FLEURETTE.

Moi, vous quitter ! jamais.

MORIN.

Mais si tu deviens sa femme ?

FLEURETTE.

Vous m'avez promis que je vous servirais toute ma vie.

MORIN.

Et Victor ?

FLEURETTE.

Victor partagera mon sort, mon attachement pour un si bon maître ; il sera heureux comme moi de vous voir, de vous aimer, ou je ne serai jamais sa femme.

Air : *L'ermite du hameau voisin.*

Vivre auprès de mon bienfaiteur,
C'est pour moi le bonheur suprême ;
Et Victor, pour gagner mon cœur,
Chérira ce que mon cœur aime.
Guidé par un doux sentiment,
S'il m'épouse de préférence,
Ne doit-il pas également
Épouser ma reconnaissance ?

MORIN.

Tu l'as dit, Fleurette : comptons sur la Providence. Mais je vais à mes affaires ; je reviendrai bientôt. *(A part).* Si toutefois ces maudits huissiers.....

FLEURETTE.

Oui, Monsieur, ne restez pas long-temps. Vos forces ne sont pas encore bien revenues, et cela m'inquiète.

MORIN, *à part.*

Quel ange de bonté! (*Haut*). Si notre invalide, mon vieil ami Francœur, venait, tu le prierais de m'attendre.

FLEURETTE.

C'est un brave celui-là aussi, et j'aime beaucoup les braves.

MORIN.

Air : *Et je donnerais tout pour celle.*

Oui, que les braves, à toute heure,
Soient bien reçus dans ma maison;
Ils doivent aimer la demeure
Où des braves est le patron.
Ah! demain, s'il pouvait renaître,
Ce héros, près de nos guerriers,
Sourirait en voyant paraître
Une fleur parmi des lauriers!

(*Tous deux répètent le refrain en chœur*).

(*Morin sort*).

SCÈNE III.

FLEURETTE, *seule.*

Je n'ai pas un moment de tranquillité quand M. Morin est en ville. (*Elle regarde par la croisée et le suit des yeux*). Personne dans la rue.... il tourne à droite.... (*Elle ferme la croisée*). Ah! mon Dieu, j'en perdrais la tête s'il lui arrivait malheur!... C'est que pendant sa maladie, je l'ai entendu répéter souvent ces mots : *Huissiers, prison.* C'était peut-être la fièvre... n'importe, cela me faisait frémir.... et puis ces hommes de mauvaise mine que j'ai vus rôder près de la maison.... Oh! mon parti est pris; je vais à tout risque retirer mon argent, et s'il survient quelque fâcheux accident, je pourrai peut-être le sauver.

(*En mettant son tablier*).

Air : *Eh, ma mère, est-c' que j'sais ça!*

Tandis que chacun apprête
Des complimens, des couplets,
Pour célébrer une fête
Si chère aux cœurs Bordelais;
Tout bas une voix me presse
De saisir l'occasion,
Pour mieux feter la princesse
Par une bonne action.

(*Elle va sortir; Marguerite paraît*).

SCÈNE IV.

MARGUERITE, FLEURETTE.

FLEURETTE, *à part*.

Marguerite! c'est contrariant!

MARGUERITE.

Ma chère enfant, j'ai à te parler.

FLEURETTE, *voulant sortir*.

Pardon, je suis pressée....

MARGUERITE.

Il faut m'entendre; c'est pour ton bien.

FLEURETTE.

Mais, Marguerite, une commission.....

MARGUERITE.

J'aurai bientôt fait.

FLEURETTE, *à part*.

En voilà pour une heure!

MARGUERITE.

Je t'ai dit comment j'avais su par un ami de mon filleul,
que tu avais retiré de la caisse d'épargnes trois mille francs,
sur les huit mille que t'a laissé, à sa mort, ta digne tante...

FLEURETTE.

Vous me l'avez dit.

MARGUERITE.

L'usage que tu as fait de cet argent est trop généreux, trop admirable, pour que je puisse te blâmer. Reste à savoir si ton maître sera jamais en état de te rembourser la somme.

FLEURETTE.

Cela me regarde; et quant au secret que vous m'avez arraché....

MARGUERITE.

Il est en bonnes mains. *(A part)*. Je ne l'ai dit que dans le quartier. *(Haut)*. Mais, ma chère Fleurette, Victor t'aime, il doit t'épouser, et trois mille francs de moins...

FLEURETTE.

Si votre filleul tient à mon argent plus qu'à moi, je resterai fille.

MARGUERITE.

Air : *Dis-moi donc mon cher Hypolite.*

Mon enfant, au siècle où nous sommes,
(J'en ai fait un mûr examen),
L'amour peut attirer les hommes;
Mais, sans argent, adieu l'hymen.
Serait-on fraîche comme rose,
Avec des attraits enchanteurs,
La dot compte pour quelque chose;
Demande à tous les épouseurs.

FLEURETTE.

Tant pis pour eux.

MARGUERITE.

Eh! bien, j'ai tant d'amitié pour toi, que je prétends réparer cette brèche, et sur mes économies de trente années, je veux remplacer les mille écus.

FLEURETTE.

Vous êtes si bonne!.... Mais ma commission doit être faite avant le retour de M. Morin.

MARGUERITE.

En ce cas, vas vite ; je garderai ici en attendant mon filleul, quoique je n'aie pas encore donné à manger à mes petits oiseaux.

FLEURETTE.

Je ne tarderai pas à revenir.

(Elle sort).

SCÈNE V.

MARGUERITE, *seule.*

Il faut l'avouer, M. Morin est bien le meilleur maître... quelle différence avec le mien !

Air : *A peine l'aurore.*

Monsieur Séchart gronde ;
Il chicane, il fronde,
Blâme tout le monde ;
Et Monsieur Morin,
Par son air engage,
Vous fait bon visage,
Vous plaint, vous soulage
Du moindre chagrin.

L'un, vieux Cerbère,
D'humeur colère,
Ne sait que faire
Pour être assommant ;
Toujours affable,
Doux, serviable,
L'autre est aimable
Comme un jeune amant.

Temps que je regrette !
Si j'étais jeunette ,
Fraîche , gentillette
Et faite à ravir ;
Trop franche , peut-être ,
Je laisse paraître
Mon goût et quel maître
Je voudrais servir.

Mais ne songeons qu'au bonheur de **Fleurette** et de mon filleul.... Et tiens ! le voici !

SCÈNE VI.

MARGUERITE, VICTOR.

VICTOR.

Oui , ma chère marraine ; je viens à cause de la fête de demain. Vous savez ?...

MARGUERITE.

Si je le sais ! Nous verrons cette excellente Princesse !

VICTOR.

Tout Bordeaux y sera , et les jeunes gens danseront.... Quel plaisir ! (*Il saute*).

MARGUERITE.

Bien , Victor ; j'aime ces sentimens, ils sont français !

Air : *Depuis long-temps j'aimais Adèle.*

Dans ce jour d'ivresse parfaite
Le bonheur doit me rajeunir ,
Et je crois qu'à pareille fête
Je danserais avec plaisir.

VICTOR.

Mais par l'âge les plus ingambes
Sentent appesantir leurs pas.

MARGUERITE.

Le cœur n'est point comme les jambes :
Pour aimer il ne vieillit pas.

VICTOR.

A la bonne heure , marraine ; mais moi qui peux aimer
et danser tout ensemble , je viens vous demander quelque
argent.

MARGUERITE, *lui donnant trois écus.*

Je comprends. Tiens , mon ami...., en voilà.

VICTOR.

C'est plus qu'il ne faut..... merci !.... Où donc est
Fleurette ?

MARGUERITE.

Elle est sortie. Tu ne veux pas l'attendre ?

VICTOR.

Impossible , quoique je serais bien content de la voir ;
mais apprenez que je suis un des jeunes gens chargés des
préparatifs. Si vous saviez que de jeux , de divertisse-
mens !... Ça sera superbe !.

Air des Comédiens.

Voyez d'ici le bonheur se répandre :
Ris , jeux , plaisirs , concerts , danses , festins !
Dans ce beau jour, ah ! plutôt que d'en vendre,
Les Bordelais vont boire tous leurs vins !

Là , célébrant la gloire et la patrie,
Sur un refrain que tout le monde sait ,
De ses accords l'orgue de Barbarie
Couvre une voix qui le chante en fausset.

Là c'est l'oiseau qui , planant sur la cible,
Aux coups mortels dirigés vers son flanc,
Pour nos plaisirs Phénix inaccessible,
Livre toujours ses ailes de fer-blanc.

En jupon court l'élégante grisette
Croit, en valsant, n'obéir qu'à l'archet ;
Par un faux pas tout à coup la pauvrette
Va s'appuyer au bras qui la cherchait.

Là des marins, enfans de la Gironde,
Et qui trinquaient naguère avec l'Indoux,
Ayant bravé l'inconstance de l'onde,
Vont se noyer, mais dans des flots plus doux.

Jetez les yeux sur les prix que l'on gagne
En s'élevant dans les airs, balancé :
Fortune aussi, sur ton mât de Cocagne,
Quand l'un parvient, dix autres ont glissé.

Sur le pivot d'un tremblant édifice,
Visant la bague, armés d'un long acier,
Quatre héros, tournoyant dans la lice,
Cherchent en vain les flancs de leur coursier.

Voyez partout le bonheur se répandre :
Ris, jeux, plaisirs, concerts, danses, festins !
Dans ce beau jour, ah ! plutôt que d'en vendre,
Les Bordelais vont boire tous leurs vins !

MARGUERITE.

A merveille ! Et moi, qui ai appris l'auguste nom de CAROLINE à mes petits oiseaux ! ils parlent si bien !... Mais à propos, quand on veut se marier, on ne s'amuse pas tous les jours. Je pense que tu ne négliges pas ton état ?

VICTOR.

Mon état, chère marraine ! Oh ! je me flatte qu'il n'y a pas un peintre en bâtimens dans Bordeaux qui manie la brosse mieux que moi !

MARGUERITE.

En effet, ton bourgeois m'a dit que tu aurais du talent, qu'on parlerait quelque jour de Victor Bloc !

VICTOR.

Dernièrement encore je vous ai badigeonné un devant de maison....

MARGUERITE.

Vraiment, mon filleul !

VICTOR.

Ah ! j'aurais voulu pouvoir mettre cette façade à l'exposition.

MARGUERITE.

Ça t'aurait fait honneur !....

VICTOR.

Air du vaudeville de Croque-Mitaine.

On voit à l'exposition
Des morceaux bien traités, sans doute ;
Mais, près de l'admiration,
L'on gémit sur plus d'une croûte.
Leur vanité les aveugla,
Ces auteurs sans talent, sans grâce ;
Aussi, quand j'ai vu tout cela,
Je me suis dit : ces peintres-là
Devraient bien se mettre à ma place.

MARGUERITE.

Tu n'as pas exposé, toi !

VICTOR.

Même air.

On y voit des tableaux de prix,
D'une touche légère, habile ;
Quelques-uns viennent de Paris,
D'autres honorent notre ville.
Aussi lorsque, parlant sans fard,
Le vrai connaisseur qui les classe,
A côté des maîtres de l'art,
Désigne Alaux, Feytaud, Galard ;
Je dis qu'il les met à leur place.

Mais l'heure me presse... Dites à Fleurette que je l'aime

plus que jamais... Je viendrai la voir avec mon beau costume de pompier... Adieu, marraine.

MARGUERITE.

Tu es si gentil en pompier !

VICTOR.

Air : *Mon Galoubet.*

Je suis pompier,   (*Bis.*)
Un' chaumière, un' maison brûl'-t-elle,
On m' voit au feu le premier ;
J' n'y laiss' pas la moindre étincelle,
Mais j'enflamm' le cœur d'une belle :
Je suis pompier !   (*Bis.*)

Je suis pompier !   (*Bis*)
Et je n' suis point de ceux qu'on trompe
Sur le meilleur vin du quartier.
Si l'on n' craint pas qu'au feu je rompe,
Faut m' voir au cabaret quand j' pompe ;
Je suis pompier !   (*Bis.*)

(*Il sort*).

SCÈNE VII.

MARGUERITE, LE BARON DE GLÉMONT.

LE BARON, *qu'a frappé rudement Victor en sortant.*

Le maladroit, qui a manqué me renverser !

MARGUERITE.

Maladroit vous-même ; sachez que mon filleul n'est pas un maladroit.

LE BARON.

Ne vous fâchez pas , la bonne vieille.

MARGUERITE.

Vieille ! vieille ! vous êtes si jeune pour m'appeler vieille.

LE BARON, *avec force*.

Oh morbleu! finissons-en. (*Avec calme*). Je ne viens pas pour disputer, mais pour vous faire plaisir. N'est-ce pas la demeure de M. Morin?

MARGUERITE.

Vous y êtes, Monsieur. (*A part*). Vieille!

LE BARON.

N'a-t-il pas une jeune servante qu'on nomme, je crois, Fleurette?

MARGUERITE.

Oui, Monsieur.

LE BARON.

Son maître a, dit-on, fait une grave et longue maladie?

MARGUERITE,

Dont il est guéri, Monsieur. (*A part*). Vieille!

LE BARON.

Et, pendant sa maladie, cette jeune fille ne l'a-t-elle pas servi avec un zèle, un dévoûment qui ont fait l'admiration de tous les voisins?

MARGUERITE, *à p...*.

Est-il curieux, ce Monsieur! (*Haut*). Tout cela peut être vrai, Monsieur, mais je n'aime pas qu'on fasse tant de questions....

LE BARON.

Ma démarche peut vous paraître singulière; le motif en est respectable. Apprenez que je fais partie d'une commission chargée de répandre des bienfaits. Un ami passionné de la vertu a laissé par son testament des sommes considérables, qui deviennent chaque année le prix des bonnes, des belles actions; les vertus obscures même, grâce aux soins des personnes chargées de les découvrir, ne peuvent plus rester ignorées.

MARGUERITE.

Et vous savez ce qu'a fait Fleurette?

LE BARON.

Pas précisément; mais on a choisi l'arrivée d'une auguste Princesse pour distribuer les prix de vertu.

MARGUERITE.

Bonne idée, Monsieur!

LE BARON.

Air de Julie.

Rechercher l'honnête indigence,
Est un doux soin de ses heureux loisirs;
Calmer, soulager la souffrance,
Est pour son cœur le premier des plaisirs.
Par des bienfaits, vous devez le comprendre,
A son passage essuyer quelques pleurs,
C'est sur ses pas semer les fleurs
Que sa main se plaît à répandre.

MARGUERITE.

Rien de plus juste.

LE BARON.

La liste des personnes que la commission a jugées dignes de son choix allait être close, quand on a signalé Fleurette à notre attention; c'est ce qui m'amène ici..... Connaissez-vous bien cette fille?

MARGUERITE.

Si je la connais! depuis sa naissance! et je lui ai servi de mère, Monsieur, après la mort de tous ses parens.

LE BARON.

Qu'a donc fait de remarquable l'intéressante orpheline, pour être citée comme un modèle de vertu?

MARGUERITE.

Ce que beaucoup d'autres n'auraient pas fait à sa place.
Figurez-vous que M. Morin, brave militaire, retiré avec
une petite pension, étant tombé malade, à la suite de grands
malheurs, elle ne s'est pas contentée de le soigner, de le
veiller comme si c'était son frère, pendant bien long-
temps....

LE BARON.

Achevez.

MARGUERITE.

Fleurette a retiré partie d'une somme placée à la
caisse d'épargnes, et elle a dépensé trois mille francs
pour payer les remèdes, les médecins, et jusqu'au loyer
de M. Morin, qui aurait été mis sans pitié à la porte par
son propriétaire, M. Séchart, mon maître, pour vous
servir. Oh! celui-là ne gagnera pas le prix de vertu.

LE BARON.

Cette fille a une belle âme.

MARGUERITE.

Ce n'est pas tout encore.

LE BARON.

Vous me ravissez!

MARGUERITE.

Quand son maître, devenu convalescent, a voulu savoir
comment elle avait pu suffire à toutes ces dépenses :

Air : *Ce que j'éprouve en vous voyant.*

C'est une femme, a-t-elle dit,
Qui, se dérobant à ma vue,
Désire rester inconnue,
Pour vous faire long-temps crédit,
Et qui d'obliger s'applaudit.
Fleurette à tout perdre s'expose,
Et craignant de l'humilier,
Elle aimerait mieux l'oublier.....

LE BARON, *achevant.*

Elle a raison, c'est une chose
Qu'il ne pourra jamais payer.

MARGUERITE.

Vous êtes consolant; c'est une brèche à la dot de la pauvre fille.

LE BARON.

Fleurette n'y perdra rien. J'en sais assez maintenant; dans peu vous aurez de mes nouvelles. Permettez.... (*Il tire un carnet de sa poche et écrit*).

MARGUERITE.

A votre aise, Monsieur.

SCÈNE VIII.

MARGUERITE, LE BARON, DULIMIER.

DULIMIER, *à Marguerite, en examinant les localités.*

Pardon si je vous dérange. N'est-ce pas ici que loge M. Morin?

MARGUERITE.

Oui, Monsieur; mais il est sorti.

DULIMIER.

Croyez-vous, Madame, qu'il rentre bientôt?

MARGUERITE.

Il ne tardera pas.

DULIMIER, *à part.*

Bon! mes gens sont près d'ici; il ne peut plus m'échapper.

MARGUERITE, *au Baron, qui écrit.*

Est-ce que Monsieur (*montrant Dulimier*), est aussi pour la bienfaisance?

2

LE BARON.

Je ne le connais pas. *(A Dulimier)*. Bonjour, Monsieur.
(Il se remet à écrire).

DULIMIER, *au Baron.*

Monsieur, j'ai bien l'honneur... *(A Marguerite)*. Vous
êtes au service de M. Morin?

MARGUERITE.

Non Monsieur; mais je suis de la maison.

DULIMIER.

Ce brave Morin est convalescent d'une longue maladie?

MARGUERITE.

Le pauvre cher homme a gardé le lit près de dix mois.

DULIMIER.

Il a encore le teint très-pâle.

MARGUERITE.

L'air souffrant.

DULIMIER.

Oui, son œil noir paraît abattu; et comme il a beaucoup
maigri, sa taille élevée....

LE BARON, *à part.*

Je crois qu'il prend son signalement.

MARGUERITE.

N'importe, le voilà hors de danger.

DULIMIER, *à part.*

C'est bien lui. *(Haut)*. Savez-vous, Madame, si mon
ami Morin est connu ici sous un autre nom, son nom de
famille, Glémont?

LE BARON, *vivement.*

C'est moi; que me voulez-vous?

DULIMIER, *avec force.*

Dans ce cas, je vous.... *(Se reprenant)*. Mais non,
Monsieur plaisante : son âge, ses traits....

LE BARON, *à part.*

C'est un huissier ! *(Haut)*. Que voudriez-vous de moi,
si j'étais Glémont ?

DULIMIER.

Rien ; il s'agit d'une petite affaire. Seriez-vous parent
de M. Alfred de Glémont ?

LE BARON.

Alfred de Glémont.... mais je ne connais point d'Alfred
dans ma famille. Qu'a de commun cet Alfred avec M. Morin ?

DULIMIER, *à part.*

Un parent sans doute ; tant mieux ! *(Haut)*. Tout me
portait à croire que M. Morin était ce même Glémont,
un ancien camarade de collége, que j'aurais été charmé
de retrouver.... mais je vois que je me suis trompé.... je
me retire.

MARGUERITE.

Je vous ai dit que M. Morin allait rentrer.

DULIMIER.

C'est inutile. Je vous salue. *(A part)*. Plus de doute ;
allons chercher main forte. *(Il sort)*.

SCÈNE IX.

MARGUERITE, LE BARON.

LE BARON, *à part.*

Et moi, je reste. Se pourrait-il que je trouvasse dans
Morin ce neveu !... Oui, plus j'y songe et plus mon esprit
rassemble de circonstances.... L'infortuné ! il a donc expié
cruellement les erreurs de sa jeunesse !

MARGUERITE.

Qu'est-ce que vous marmottez-là tout seul, Monsieur ?

LE BARON, *avec embarras.*

Je m'occupais de Fleurette, de l'intérêt qu'elle inspire.

MARGUERITE.

Vous paraissez troublé !

LE BARON, *avec agitation.*

Il devient nécessaire que je parle à M. Morin. Vous disiez que sa gêne était extrême ?

MARGUERITE.

Au point que, sans les secours de Fleurette, il se trouvait réduit à....

LE BARON.

Je comprends. (*A part*). Et il me laissait ignorer..... (*Il s'essuie les yeux*).

MARGUERITE.

Cela vous touche. Ah ! si vous le connaissiez comme nous ! Quoique manquant de bien des choses, il est humain, charitable..... Tous ceux qui le connaissent ne peuvent s'empêcher de l'aimer.

LE BARON, *à part.*

Ses torts sont oubliés !

MARGUERITE.

Et puis c'était un bon officier, estimé, chéri. On dit qu'il a fait des traits à l'armée, des traits superbes ! Il voudrait bien encore servir son Roi ; mais ses blessures, sa maladie....

LE BARON.

Vous connaissez son dévoûment pour nos Princes ?

MARGUERITE.

Oh ! celui-là n'a jamais varié ; j'en répondrais sur ma tête. Et tenez, vous voyez ce buste du bon Henri IV, qui lui fut donné par son général ?

LE BARON.

Il est à lui ?

MARGUERITE.

C'est son bien, son trésor ; il en parle avec un respect, une admiration, que ça fait battre le cœur !

LE BARON.

Excellente femme !

MARGUERITE.

Certes, M. Morin est pauvre ; eh bien ! on lui offrirait de l'argent, beaucoup d'argent, qu'il ne donnerait pas l'image de ce bon Roi. Il l'appelle le patron des braves.

LE BARON.

Vraiment ?

MARGUERITE.

J'en suis sûre.

LE BARON, *à part.*

Quel trait de lumière ! Nous verrons.

MARGUERITE.

Air : *Muse des bois.*

Ah ! s'il fallait vendre ce noble gage
D'amour, de gloire, ou n'avoir pas de pain,
On le verrait, au pied de son image,
Ami constant, mourir plutôt de faim.

LE BARON, *achevant.*

Rassurez-vous : celui que la patrie
A vu nourrir plus d'un sujet ingrat,
Pourra peut-être encore, après sa vie,
Donner du pain au fidèle soldat.

(On sonne).

MARGUERITE.

Mais c'est M. Séchart qui m'appelle ! *(A la porte).* On y va ! on y va ! *(A M. le Baron).* Pardon, Monsieur... *(A part).* Que faire ?... Ah ! voici M. Morin ! Vous pouvez causer ensemble. *(Elle sort).*

SCÈNE X.

LE BARON, MORIN.

MORIN, *à la cantonnade.*

Vous ne me dites pas où est Fleurette..... hein ! Marguerite !.... Elle ne m'entend plus. *(Au Baron)*. Excusez-moi, Monsieur.

LE BARON, *à part.*

L'épreuve est bonne ; essayons-en. *(A Morin)*. Je viens vous faire une proposition, Monsieur, que vous trouverez peut-être indiscrète.

MORIN.

Parlez, Monsieur. *(A part)*. Il a l'air d'un honnête homme.

LE BARON.

Vous n'ignorez pas, Monsieur, l'heureuse et prochaine arrivée de Madame ?

MORIN.

Elle est annoncée pour demain ; ce sera un des beaux jours de ma vie !

LE BARON, *à part.*

Marguerite a dit vrai. *(Haut)*. Quelques parties de la fête ont été confiées à mes soins ; j'ai appris que vous possédiez un très-beau buste d'Henri IV.....

MORIN.

Le voilà, Monsieur ; il me fut donné par un chef respectable....

LE BARON.

Et comme il ferait le plus bel ornement du palais de verdure que l'Auguste Voyageuse daignera, nous l'espérons, honorer de sa présence, je me suis chargé de vous l'acheter.

MORIN.

Moi, vendre mon Henri IV ; jamais !

LE BARON.

Je ne puis qu'admirer de tels sentimens, Monsieur ;
mais..... vous n'êtes pas dans l'opulence, et le prix que
je veux y mettre.....

MORIN.

Il est des choses qui sont sans prix.

LE BARON.

Air : *Au bal un jour voyant Daphné.*
J'en offre mille écus sonnans.

MORIN.

Moi, vendre cette tête auguste !

LE BARON.

Voulez—vous quatre mille francs ?
Vous balancez..... J'aurai le buste !

MORIN.

L'œil fixé sur le Béarnais,
Monsieur, sans vous garder rancune,
Je ne balancerai jamais
Entre l'honneur et la fortune.

LE BARON.

Ainsi vous refusez ?

MORIN.

Je suis inébranlable. Eh ! c'est l'ami Francœur !

SCÈNE XI.

MORIN, LE BARON, FRANCŒUR.

FRANCŒUR.

Oui, capitaine ; mais rassurez-vous : je ne viens pas
aujourd'hui vous tourmenter pour que nous reprenions nos
exercices accoutumés. (*Il se met en garde*). Un ! deux !
(*Au Baron*). C'est que j'en détache encore joliment,
malgré ma jambe de bois et ma tête courbée par l'âge !

MORIN.

Air : *Allons, Babet.*

Ah! si le temps inexorable,
Sous les hivers prompts à passer,
A courbé ce front vénérable
Qu'on n'a jamais vu s'abaisser ;
Aux rayons que la gloire y jette
Ce front semble se dérober :
Comment peut—on lever la tête
Quand des lauriers la font courber !

FRANCŒUR.

Capitaine, trop de bonté..... Enfin, je suis chargé près
de vous d'une mission de la plus haute importance.

MORIN.

Je t'écoute, mon brave.

FRANCŒUR.

Air du vaudeville de Jean Monnet.

Moi, septième camarade,
Avec l'espoir du succès,
Je précède une ambassade
Comme l'on n'en vit jamais.
Leurs exploits
D'autrefois
Coûtent deux bras à nos drilles ;
Mais nous avons cinq béquilles
Et quatre jambes de bois.

Si ce corps diplomatique
A vos regards cloche un peu,
Songez que sa politique
Ne broncha jamais au feu ;
Maint boulet,
Qui ronflait,
L'écarta des antichambres,
Et voilà pourquoi nos membres
Ne sont pas au grand complet.

MORIN, *lui serrant la main.*

Brave homme !

LE BARON.

Qui n'aimerait cette gaîté martiale !

MORIN.

Mais où sont les dignes vétérans qui t'accompagnent ?

FRANCŒUR.

Ils attendent à deux pas l'issue de ma démarche. Voici le fait . c'est demain, demain le jour tant désiré ! Un nom cher aux Français, à tous les braves, le nom d'Henri vient s'associer à nos vœux ; vous m'entendez, capitaine ?..

Air : *Remontez dans les cieux.* (Vaudeville des Amazones).

Vieux serviteurs, la tombe nous réclame ;
Sachons gaîment profiter d'un beau jour.
Près d'expirer se ranime la flamme
Que dans nos cœurs alluma son amour.   *Bis.*
Dernier plaisir ne sera pas le moindre ;
Et nous voulons, quand son ombre a souri,
En attendant que nous l'allions rejoindre,
Fêter encore une fois notre Henri ;   *Bis.*
   Oui, fêter une fois notre Henri !   *Bis.*

MORIN.

Même air.

Vieux serviteurs, l'amitié vous réclame ;
Dans l'avenir il est plus d'un beau jour.
Vivez long-temps, conservez cette flamme
Qu'un noble enfant attend de votre amour.
Nouveau plaisir ne sera pas le moindre ;
Quand l'espérance à nos vœux a souri,
Aux jeunes cœurs vos cœurs doivent se joindre,
Et vous devez fêter un autre Henri ;
   Vous devez fêter un autre Henri.

FRANCŒUR.

J'en accepte l'augure. Vous consentez à nous prêter le buste ?

MORIN.

Oui, Francœur ; puis-je rien te refuser !

LE BARON.

Souffrez, Monsieur, que, pour une semblable demande, je réclame la priorité.

MORIN.

Je vous aurais confié mon buste avec plaisir, Monsieur, pour embellir la fête ; mais vous avez voulu me l'acheter !... Je le prête à mon ami.

FRANCŒUR.

Et moi, je vais appeler mes camarades. Seront-ils contens !

(Fausse sortie).

SCÈNE XII.

FRANCŒUR, DULIMIER, MORIN, LE BARON.

DULIMIER, *à Francœur.*

Restez, Monsieur ; personne ne sortira !

LE BARON, *à part.*

C'est notre huissier !

FRANCŒUR.

Qu'est-ce à dire, personne ne sortira ! C'est ce que nous verrons, mille bombes !

MORIN.

Que souhaite Monsieur ?

DULIMIER.

C'est à M. Morin que j'ai l'honneur de parler ?

MORIN.

Justement.

DULIMIER.

Autrement dit, à M. Alfred de Glémont ?

ALFRED, *à part.*

Je suis découvert !

LE BARON, *à part.*

Le pauvre garçon est pris.

ALFRED.

Puisque vous me connaissez, Monsieur, que me voulez-vous ?

FRANCŒUR, *d'un ton menaçant.*

Que veux-tu au capitaine ? voyons.

DULIMIER.

Toute résistance serait inutile ; mes gens paraîtront au premier signal. *(A Alfred).* D'ailleurs, Monsieur, ce qui m'amène est bien simple. *(Il tire un dossier de sa poche).*

Air : *A présent, vendant et trafiquant.*

Ce dossier,
D'un digne créancier,
Dont la bonté quelquefois vous arrange,
A grossi votre lettre de change.
Vous le voyez, j'ai l'honneur d'être huissier.
Un protêt fut dûment
Accompagné d'une sentence utile ;
Dans votre domicile,
J'ai prudemment
Mis le commandement.
Mes recors
M'attendent au-dehors,
Pour que, sans bruit, cédant à ma requête,
Vous daigniez souffrir qu'on vous arrête,
Selon la loi de contrainte par corps.
Suivez-moi sans tarder,
Au fort du Hà, séduisante demeure ;
Je vous fais tout à l'heure
Très-bien garder,
Très-bien recommander.....
Ce dossier,
D'un digne créancier,

Dont la bonté quelquefois vous arrange,
A grossi votre lettre de change.
Vous le voyez, j'ai l'honneur d'être huissier.

LE BARON, *à part*.

Voici le moment critique.

ALFRED.

Ah ! Monsieur est huissier ?

DULIMIER.

Pour vous servir, Monsieur ; les pièces sont très en règle *(il les fait voir)*; et, en me comptant quatre mille cinq cents francs....

FRANCOEUR, *faisant voler les pièces d'un coup de main*.

Quatre mille cinq cents diables !

DULIMIER.

Rebellion à la loi, Messieurs !

LE BARON.

Calmez-vous ; point d'esclandre. Tout va s'arranger.

DULIMIER.

A la bonne heure. *(A part)*. Je savais bien qu'on paierait ; le parent est là.

ALFRED.

Il m'est impossible de payer.

LE BARON.

Si le capitaine veut y consentir, on peut faire un accommodement.

ALFRED.

Lequel ?

FRANCOEUR, *s'esquivant sans être vu*.

(A part). Et moi, je vais tout accommoder à ma manière.

DULIMIER.

Un accommodement ; je ne demande pas mieux.

SCÈNE XIII.

DULIMIER, ALFRED, LE BARON.

LE BARON.

Capitaine, vous vous trouvez dans une situation diffi-
cile. Votre caractère, vos chagrins m'intéressent ; n'insistez
plus dans un refus qui va compromettre votre liberté.

DULIMIER, *au capitaine.*

J'ai prise de corps, Monsieur.

LE BARON.

Il est des choses que ne doit pas marchander un honnête
homme obligeant ; je vous avais offert quatre mille francs
du buste d'Henri IV ; je vous propose deux mille écus.

DULIMIER, *regardant le buste.*

Six mille francs !

ALFRED.

Je suis sensible à votre procédé, Monsieur....

DULIMIER.

Allons, comptez les espèces.

ALFRED.

Mais je refuse.

DULIMIER.

Il refuse !

LE BARON.

Vous connaissez la destination honorable de ce buste,
et quand vous pouvez sortir d'un embarras extrême....

ALFRED.

Je n'ai qu'une parole ; je l'ai promis devant vous à
Francœur, il l'aura.

DULIMIER.

Francœur, ce militaire? il est parti, et vous trouverez un prétexte.

ALFRED.

Point de prétexte, Monsieur; je vous suivrai.

LE BARON, *à part.*

J'irais l'embrasser de bon cœur!

DULIMIER.

Ainsi vous ne pouvez point payer la somme?

ALFRED.

Non, Monsieur.

DULIMIER.

Je suis forcé de vous conduire en prison.

SCÈNE XIV.

DULIMIER, FLEURETTE, ALFRED, LE BARON.

FLEURETTE, *s'élançant devant son maître.*

Mon maître en prison! arrêtez!

ALFRED.

Fleurette!

LE BARON, *à part.*

C'est elle.

FLEURETTE.

Air : *Quand on ne dort pas de la nuit.*

Monsieur, vous entendrez raison;
Épargnez-lui ce sort funeste.
Quoi! mon maître irait en prison!
Ah! laissez-le dans sa maison.

DULIMIER.

Vraiment, qu'il paie et qu'il y reste.

FLEURETTE.

Pour payer les fonds sont tous prêts :
Parlez, que l'on vous satisfasse;
En prison il n'ira jamais.....
> Et j'irais,
> Et j'irais
> Plutôt à sa place!

DULIMIER.

Moyennant quatre mille cinq cents francs....

FLEURETTE.

Ah! je respire.... Tenez, M. Morin, voilà cinq mille francs; ils vous appartiennent, payez, et conservez votre liberté.

(Elle lui donne des billets dans un porte-feuille).

LE BARON, *à part.*

Elle achève de se dépouiller!

ALFRED.

Mais, Fleurette, d'où vient cet argent? expliquez-moi...

FLEURETTE.

Je l'ai reçu pour vous, Monsieur; on doit me croire. Dépêchez-vous de vous acquitter; je m'expliquerai après.

ALFRED, *à part.*

Je n'en reviens pas! *(Il compte les billets; Dulimier l'observe).*

LE BARON, *à part, à Fleurette.*

Fleurette, je sais tout; réfléchissez à ce que vous faites : en sacrifiant votre dot, vous renoncez à la main de Victor.

FLEURETTE, *à part, avec surprise.*

O! par pitié, ne dites rien!

LE BARON, *de même.*

Vous perdez le bonheur.

FLEURETTE, *de même.*

Je sauve mon maître.

LE BARON, *à part.*

Vertu modeste et sublime! *(Il paraît réfléchir).*

DULIMIER, *à Alfred.*

Dans ce cas, j'encaisse la somme. *(Il va recevoir les billets).*

LE BARON, *avec force.*

Et moi je vous défends de l'accepter!

FLEURETTE, *à part.*

S'il allait me trahir!

ALFRED.

Quel langage!

DULIMIER , *au Baron.*

Ce ton d'autorité.....

LE BARON.

Il m'appartient ici.

SCÈNE XV.

LE BARON, FLEURETTE, MARGUERITE, ALFRED,
DULIMIER.

MARGUERITE.

Air de Marianne : Votre fortune est faite.

De gens mal mis une cohorte,
Dont l'aspect faisait mal au cœur,
Se glissait sous la grande porte,
Quand a paru monsieur Francœur.
Sa brave escorte,
Étant plus forte,
Il leur a fait une peur à mourir.
Eux, tout de suite,
Ont pris la fuite.
Dame! il faut voir comme ils savent courir!
Le quartier, se levant en masse,
Poursuit ces êtres malfaisans,
Et, jusques aux petits enfans,
Tous leur donnent la chasse!

(*Elle rit aux éclats*).

DULIMIER, *effrayé.*

Ce sont mes recors! Messieurs, voudrait-on abuser de
ma position ; me faire violence?

ALFRED.

Ne craigniez rien, Monsieur.

LE BARON.

Il ne vous sera fait aucun mal, et vous serez payé.

MARGUERITE.

Eh ma foi! voici les vainqueurs!

SCÈNE XVI.

LES PRÉCÉDENS, FRANCŒUR ET SES CAMARADES.

(CHŒUR DES VÉTÉRANS)

Air : *Eh! gai, gai, gai, mon officier.*

Eh! bon, bon, bon, sans les frapper,
Sans trouver d'résistance,
Eh! bon, bon, bon, notre présence
Les a fait décamper !

FRANCŒUR.

Ils n'étaient pas de taille
A nous combattre en rang,
Et le champ de bataille
N'a pas coûté de sang.

(CHŒUR).

Eh! bon, etc.

FRANCŒUR.

S'ils ont peu de services,
Ces lurons, dans ce jour,
N'ont point paru novices
Pour faire demi-tour.

(CHŒUR).

Eh! bon, bon, bon, sans les frapper,
Sans trouver d'résistance,
Eh! bon, bon, bon, notre présence
Les a fait décamper!

ALFRED.

C'est mal, très-mal, Francœur ! Vous, camarades,
entrez là ; Marguerite aura soin de vous.

(Ils entrent dans la pièce voisine, Marguerite
les suit et revient un moment après).

DULIMIER, *à Francœur.*

Oui, Monsieur, c'est très-mal.

FRANCŒUR, *mettant la main à son sabre.*

Ah ! tu veux une bataille !

DULIMIER, *avec épouvante.*

Protégez-moi, Messieurs !

FRANCŒUR.

Vous me pardonnez, capitaine? (*Alfred lui frappe sur l'épaule*).

LE BARON.

Monsieur Alfred de Glémont, puisque vous êtes connu sous votre nom véritable, reconnaissez-vous pour légitime la créance qui vous est présentée ?

ALFRED.

Très-légitime, Monsieur.

LE BARON.

Il suffit. Et vous, Fleurette, consentez - vous, avec l'agrément de votre maître, à devenir la femme de Victor?

ALFRED.

C'est un estimable garçon.

FLEURETTE.

Pourvu que je ne quitte pas mon maître.

MARGUERITE.

Mon filleul ne demande pas mieux, et j'apporte les trois mille francs qui doivent compléter la dot.

LE BARON.

Gardez votre argent, Marguerite ; l'aimable orpheline n'en aura pas besoin. Je suffirai à tout.

ALFRED.

Monsieur, veuillez me dire....

LE BARON.

Vous parlerez quand il en sera temps.

DULIMIER, *à part.*

Mon tour viendra.

ALFRED, *à part.*

Cet homme a sur moi un ascendant !....

LE BARON, *à Alfred.*

Monsieur Alfred, je dois vous dire que Fleurette a fourni, avec une portion de l'argent qui formait sa dot, à toutes les dépenses de votre maladie ; et vous êtes son débiteur de trois mille francs.

FLEURETTE.

O Monsieur !

LE BARON.

Paix !

ALFRED.

Que viens-je d'apprendre ! Ah ! Fleurette !...

LE BARON.

Silence ! je vous prie. Vous devez encore plus à cette généreuse fille : pressentant les dangers qui menaçaient votre liberté, Fleurette s'est résignée à ne point épouser celui qu'elle aime, pour vous sauver, et elle vous a remis le reste de sa petite fortune.

ALFRED.

C'en est trop, Fleurette !

FLEURETTE.

Par pitié, Monsieur !....

LE BARON.

J'ordonne qu'on m'écoute. Quoiqu'une conduite pareille ne puisse être payée avec de l'argent, il convient, capitaine, de récompenser, autant qu'on le peut, de si rares vertus.

ALFRED.

Air : *Ah! Monsieur, je me fâcherai* (de la Marraine).

Ah! je sens quel est mon devoir!
Ce cœur ému bénit sa dette ;
Mais il n'est pas en mon pouvoir
De m'acquitter envers Fleurette.

FLEURETTE.

Ces éloges sont superflus ;
Je veux qu'on les ignore.
Ah! Monsieur, ne m'en parlez plus,
Si vous m'aimez encore!

ALFRED.

Même air.

A défaut d'or, mon amitié
De tes vertus est le salaire.

FLEURETTE.

Mon cœur n'est pas assez payé
Du peu de bien qu'il a pu faire ;
Accordez à mes heureux jours
La grâce que j'implore :
Laissez—moi vous chérir toujours
Et vous servir encore.

ALFRED, *à Fleurette.*

Pour la vie !

LE BARON.

Permettez-moi de finir. Voici, Fleurette, les trois mille francs que vous doit votre maître, en vous rendant ce porte-feuille *(il prend le porte-feuille des mains d'Alfred et le rend à Fleurette)*; et je double la somme pour les intérêts.

ALFRED.

Comment souffrirai-je , Monsieur.....

LE BARON.

Vous souffrirez tout, Monsieur, quand j'aurai tout dit. Me croyez - vous capable de blesser la délicatesse d'un officier français ?

ALFRED, *à part.*

Ceci tient du prodige !

LE BARON.

Enfin, par une conduite qu'on devrait offrir en exemple à tous les serviteurs, Fleurette a mérité le prix de vertu, décerné par la commission dont je fais partie. Il est de six mille francs. *(A Fleurette).* Vous le recevrez demain, à l'occasion de l'heureuse solennité qui se prépare ; et vous ne trouverez pas mal que, pour mon compte, je double également ce prix si justement mérité. Marguerite, soyez dépositaire de la dot de votre fille adoptive. *(Il la lui remet).* Voilà votre argent : point de réplique. *(A Dulimier).* A vous maintenant.

FRANCŒUR.

J'en pleure, sur ma foi ! *(Regardant Dulimier).* Et lui aussi, Dieu me pardonne ! Attendrir un huissier !

ALFRED, *à part.*

Cet événement me paraît un songe.

MARGUERITE, *à Fleurette.*

Quel homme, ma chère enfant !

DULIMIER, *remettant les pièces.*

Tous les papiers sont là.

LE BARON.

Quatre mille cinq cents francs bien comptés.

(Il lui donne des billets).

DULIMIER, *vérifiant la somme.*

Air : *Entendez-vous les sons de la musette* (de Ninette).

Je suis content : ma somme est bien complète.
Adieu, Messieurs ; et sans trop m'abuser,
Huissier prudent, voici des jours de fête,
Durant lesquels je dois me reposer.

Pour contempler les vertus près du trône,
Et pour se joindre à l'admiration,
Ah! dans Bordeaux je suis sûr que personne
N'aura besoin d'une assignation.

(Au Baron). M. de Glémont, je vous remercie.

(Il sort).

SCÈNE XVII.

MARGUERITE, FLEURETTE, ALFRED, LE BARON DE
GLÉMONT.

LE BARON.

Oui, Alfred, je suis ton oncle, le baron de Glémont.

ALFRED.

Mon oncle !

TOUS.

C'est son oncle !

LE BARON.

C'est moi qui, gémissant sur tes jeunes erreurs, parcourus les mers pendant dix ans, pour ne pas être témoin des larmes de ta famille. Mais j'ai su combien tu avais changé de conduite : je te retrouve corrigé, sage, estimable, et, surtout, fidèle serviteur de mon Roi. Je ne me souviens plus de tes folies; ma fortune immense t'appartient, et ta place est sur mon cœur !

ALFRED, *se jetant dans ses bras.*

Mon oncle ! mon ami !

FRANCŒUR.

Je partage la joie du capitaine !

FLEURETTE.

Mon maître sera heureux, je n'ai plus rien à désirer !

MARGUERITE, *à Fleurette.*

Tu le disais : la Providence !

LE BARON.

Oui, mes enfans, bénissons la **Providence** !

ALFRED.

Air ; *A l'âge heureux de quatorze ans.*

Le ciel vous rend à mon amour,
Et votre estime, qui m'honore,
Après l'orage, a d'un beau jour
Fait à mes yeux briller l'aurore.
J'allais voir, au sein des malheurs,
S'écouler ma triste existence ;

(*Il serre dans ses bras son oncle et Fleurette*).

Pour les finir, j'ai, dans vos cœurs,
Trouvé deux fois ma Providence.

FLEURETTE.

Même air.

Ce jour si doux pour l'amitié,
Ramenant un oncle sévère,
Dont pour nous la tendre pitié
Devient un appui tutélaire ;
Ce même jour, sous d'heureux traits,
Offrant l'idole de la France,
Comme ami et comme Français,
Est deux fois notre Providence.

SCÈNE XVIII.

MARGUERITE, FLEURETTE, VICTOR, ALFRED, LE BARON,
FRANCŒUR.

VICTOR, *en costume de pompier.*

Grande nouvelle !

FLEURETTE.

C'est Victor !

MARGUERITE.

Mon filleul ! Quand il saura.....

ALFRED.

Et quelle nouvelle, mon garçon?

VICTOR.

Air : *Comme faisaient nos pères.*

Madam', qu'on n'attendait que d'main,
Dans quelqu's instans arrive!
Faut voir quell' gaîté vive,
Et comm' tout Bordeaux est en train!
D' vant Son Altesse
La foul' s'empresse
D' montrer l'ivresse
Qu'inspir' l'auguste Princesse.
Musiq', tambours, peupl', gard' d'honneur;
On n'entend plus qu' des cris d' bonheur.
Momens
Charmans
Où s' peign' nos sentimens!....
Et tout l' mond' suit not' père,
Je voulais dir' not' maire,
Car des Bord'lais on sait que l' maire
Est l'père.

ALFRED.

Je vais passer mon uniforme.

LE BARON.

Je me rends à mon poste. (*A Alfred*). Nous nous re-
joindrons.

FRANCOEUR.

Et le buste, mon capitaine?

LE BARON, à *Alfred.*

Tu peux, mon neveu, le confier à Francœur; il sera
bien gardé.

FRANCOEUR.

C'est vrai! (*Aux vétérans qui sont dans l'autre
chambre*). Venez, vous autres; l'ambassade a réussi!

VICTOR.

Qu'ai-je appris ! Vous êtes tous heureux, et moi j'épouse ma chère Fleurette !

LE BARON.

Désormais, vous appartenez à notre famille. Mes enfans, aujourd'hui tous à la Princesse, et demain la noce !

FRANCŒUR, *à ses camarades qui viennent de rentrer.*

Allons, amis, emparons-nous du précieux buste, et en avant, marche !

(Ils descendent le buste avec précaution).

Air du verre.

Il est bien haut, je crains, vraiment !

ALFRED.

De Henri que pouvez-vous craindre ?

LE BARON.

Il cèdera facilement.

FRANCŒUR.

Nous ne pourrons jamais l'atteindre.

VICTOR.

Mais surtout portez-le d'aplomb.

FRANCŒUR.

Il vient à nous, est-il posssible !

FLEURETTE.

Ah ! pour des Français un Bourbon
Ne fut jamais inaccessible !

(Le buste est placé sur un brancard et porté par quatre vétérans).

(CHŒURS DES VÉTÉRANS).

Air : *Vive Henri Quatre.*

Courbés naguère
Sous le fardeau du temps,   (*Bis*).
Ce poids, j'espère,

Nous ôte au moins vingt ans ;
C'est un bon père
Que portent ses enfans.

(Tous défilent au refrain du chœur ; après leur sortie l'orchestre reprend l'air tout entier).

(Changement à vue).

SCÈNE XIX.

(Le théâtre représente une partie du Jardin Public ou des Quinconces ; au fond est une voûte de verdure sous laquelle s'élève un socle élégant destiné à recevoir le Buste d'Henri IV).

(Jeunes garçons, jeunes filles, députation d'habitans des Landes avec des échasses).

(Ils achèvent de placer des guirlandes aux arbres ornés de drapeaux blancs).

(CHŒUR).

Air : *Allons, dépouillons nos pommiers.*

Entrelaçons d'aimables fleurs
A ce drapeau sans tache.
D'Henri nous aimons les couleurs
Qu'illustrait son panache.
Honneur à ses fils !
O princes chéris,
Que rien ne peut abattre,
Gardez à jamais
L'amour des Français,
Et le cœur d'Henri Quatre !

UN JEUNE GARÇON.

Air du vaudeville de Fanchon.

Bayard, Crillon, Turenne,
On ose croire à peine
Vos glorieux hauts faits.

Surpassant votre gloire,
Naguère les plus nobles traits,
Ont rappelé l'histoire,
Le cœur du Béarnais !

Le Chœur reprend le fragment de l'air : Allons dépouillons, etc.

Honneur à ses fils !
O princes chéris,
Que rien ne peut abattre,
Gardez à jamais
L'amour des Français,
Et le cœur d'Henri Quatre !

UNE JEUNE FILLE.

Air du vaudeville de Fanchon.

Jadis, dans sa chaumière,
L'paysan, de la misère
Supportait tout le faix ;
Mais grâce au sang qui coule
Dans le cœur des Princes Français,
J'mettons au pot la poule,
Qu'promit le Béarnais !

Le Chœur reprend le fragment de l'air : Allons, dépouillons, etc.

LE BERRET, *en échasses.*

Air du vaudeville de Fanchon.

D'apporter leurs offrandes,
Les pauvr' s'enfans des landes,
Ont éprouvé l' besoin.
D'la majesté, des grâces,
Chaqu' Berret voulant êtr' témoin,
J'avons pris nos échasses
Pour les voir de plus loin.

Le Chœur reprend le fragment de l'air : Allons, dépouillons, etc.

SCÈNE XX. ET DERNIÈRE.

TOUS LES PERSONNAGES, PEUPLE, TROUPES.

Le cortége arrive et défile sur l'air : Où peut-on être mieux. *Le Buste est déposé sur le socle qui l'attendait.*

CHŒUR.

Air du vaudeville de Madame de Sévigné.

Noble Henri, bon Henri,
Reçois notre hommage.
Un prince chéri
Au Français rendra ton image.
Roi vaillant,
D'un enfant,
Le nom nous présage,
Qu'il aura de plus
Et ton courage et tes vertus.

ALFRED.

Suite du même air.

Si ce nom qui nous transporte
De toute part est fêté,
N'oublions pas qu'Henri porte
Le nom de notre cité.
Chaque Bordelais espère
Voir un jour ses traits chéris,
Et nous fetons la mère
En attendant le fils ! (*Bis*).

(Ici le socle sur lequel est le buste d'Henri IV s'ouvre, et l'on voit le portrait de Monseigneur le duc de Bordeaux).

LE BARON.

Air : Fillette à l'âge de quinze ans.

L'art par ses prestiges flatteurs,
En nous trompant nous dédommage.
De l'enfant qui vit dans nos cœurs
Il nous offre la douce image.

A l'aspect de ces nobles traits,
Si dans nos yeux le bonheur brille,
Ah ! c'est que pour tous les Français
C'est un vrai portrait de famille.

CHŒUR.

Air : *Sonnez !* (De la Dame Blanche).

Chantons, chantons une auguste Princesse,   (*Bis*).
Les Bordelais sont réunis.   (*Bis*).
C'est lui prouver notre tendresse
Que de fêter, chanter son fils !

LE BARON.

Ah ça Victor, tu as fait tes préparatifs ?

VICTOR.

Tout est disposé, pour ce qui me concerne.

LE BARON.

Nous avons fait aussi les nôtres. L'objet auguste de tous nos vœux, la Princesse que nous attendons, ne tardera pas à venir ; faisons une répétition générale de nos couplets.

VICTOR.

Nous y sommes.

LE BARON.

Nous supposons, qu'ayant l'honneur de jouir de la présence de MADAME, chacun lui adresse l'expression de ses sentimens. Commençons.

VAUDEVILLE FINAL.

UN MARIN.

Air : *V'là c' que c'est qu' l'exactitude*. (Du Mariage de Raison).

Les Bordelais, j' n'en doutons pas,
Sont nés sous une heureuse étoile,
Puisque le bonheur sur vos pas
Arriv' chez eux à pleine voile.
Nous avons, dans chaqu' bâtiment,
Sous l'pavillon qu' le roi nous donne,
Juré d'vous aimer fidèl'ment,
Et nous tiendrons notre serment,
Quoiqu'il soit fait sur la Garonne.

ALFRED.

L'eau du Styx, dit-on, autrefois,
Rendit Achille invulnérable,
Un jour, pour l'Héritier des Rois,
Faisons un prodige semblable.
Aux combats, guerriers de ces bords,
Rangés autour de sa personne,
Formant un rempart de nos corps,
Nous pourrons faire dire alors :
Le Styx ne vaut pas la Garonne.

UNE MARCHANDE DE FLEURS.

J'ai des fleurs, des bouquets jolis ;
Ah ! par un heureux privilége,
Sans posséder l'éclat du lys,
Douces fleurs, formez son cortége.
Pour nous d'un jour pur et serein,
Celle qui brille auprès du trône,
Offre ici le gage certain ;
Car un lys est dans son terrain
Sur les rives de la Garonne.

LE BARON.

En parcourant les mers, j'appris
Que pour le bonheur de la France,

Un tendre rejeton des lys,
Venait combler son espérance.
Pour me reposer des travaux,
Des soins que le commerce donne,
A Neptune tournant le dos,
Je vins, au doux nom de Bordeaux,
Me fixer près de la Garonne.

UN JEUNE GARÇON.

Avec le temps, je grandirai
Pour le petit fils d'Henri Quatre,
Et lorsque je le servirai,
Sous ses yeux je voudrais combattre.
En lui vouant nos cœurs, nos bras,
C'est une dette envers le trône ;
Nous la pairons en bons soldats :
Celle-là ne repose pas
Sur les brouillards de la Garonne.

MARGUERITE.

J'élève des oiseaux chez moi,
Beaucoup mieux qu'on ne l'imagine ;
Ils répètent : VIVE LE ROI !
VIVE THÉRÈSE ET CAROLINE !
Leur savoir nous charme vraiment ;
Mais il n'a rien qui nous étonne :
Pour s'instruire si joliment,
Ils ont écouté seulement
Tous les échos de la Garonne.

VICTOR.

Ah ! sans jamais s'éteindre en nous,
Voyageuse auguste et chérie,
Le feu qui nous brûle pour vous
Est un véritable incendie.
Nous voulons tous participer
A l'amour qui vous environne ;
Et, plutôt que de vous tromper,
Pompier, à force de pomper,
Je mettrais à sec la Garonne.

FRANCŒUR.

Aujourd'hui je chante, je bois,
Oubliant l'âge, la retraite ;
Et malgré ma jambe de bois,
Je veux danser à cette fête.
Dans ces délicieux momens,
Je sauterais mieux que personne,
Si pour juger de nos élans,
Une mère entre deux enfans
Avait traversé la Garonne.

UN BERRET, *monté sur des échasses.*

Près de nos climats attendu,
L'aspect d'un ange tutélaire,
Va, d'une nouvelle vertu,
Enrichir les eaux de Bagnère.
Mais dans des sentimens français,
S'il pouvait se trouver personne
Dont le cœur balançât jamais,
Pour le guérir, je lui dirais :
Prenez les eaux de la Garonne.

FLEURETTE, *au public.*

Bravant un proverbe menteur,
Sur ces bords règne la franchise,
Et les vœux que dicte le cœur
Ont la vérité pour devise.
Ah! si le bonheur éprouvé
Élève une muse gasconne,
C'en est fait l'auteur est sauvé,
Et vous croirez qu'il a trouvé
L'Hypocrène dans la Garonne.

On reprend le Chœur sur l'air : Sonnez, etc.

Chantons, etc.

*(Tous les personnages se groupent autour du Buste
d'Henri IV et du portrait de Monseigneur le duc de
Bordeaux, en élevant des branches de laurier, des
drapeaux et des couronnes.)*

Tableau général. La toile tombe.